FILLES SOUMISES

ARRÊTÉ

PORTANT

RÈGLEMENT

SUR LA

POLICE ET LE SERVICE SANITAIRE

DES

FILLES SOUMISES

POITIERS

IMPRIMERIE GÉNÉRALE DE L'OUEST — E. WIRQUIN

Place d'Armes, 26

Ville de Poitiers

ARRÊTÉ

PORTANT

RÈGLEMENT

SUR

LA POLICE ET LE SERVICE SANITAIRE

DES

FILLES SOUMISES

ET MAISONS DE TOLÉRANCE

⁓⁓

Nous, Maire de la ville de Poitiers, Chevalier de la Légion d'honneur ;

Vu les articles 1er et 4 de l'ordonnance du lieutenant général de police, en date du 6 novembre 1778, la loi du 22 juillet 1791, les articles 330, 334, 335, 471 et 475 du Code pénal, la loi du 18 juillet 1837, et le décret du 29 décembre 1847,

AVONS ARRÊTÉ et ARRÊTONS ce qui suit :

Dispositions générales.

Art. 1er.

Toute femme ou fille majeure, notoirement connue pour se livrer à la prostitution, est considérée comme

ние publique et soumise aux prescriptions du prése...
arrêté.

Art. 2.

Toute fille publique, après constatation de sa majorité et de son état sanitaire, et après déclaration de la maison de tolérance à laquelle elle doit être attachée, sera inscrite sur un registre de contrôle tenu à cet effet au Bureau de police, à la Mairie. Cette inscription sera ordonnée par le Maire, soit d'office, sur les renseignements fournis par les commissaires ou les plaintes des voisins, après vérification de ces plaintes, soit sur la demande de la fille elle-même, au Bureau de police.

Art. 3.

La constatation de la majorité se fera par la représentation de l'acte de naissance, dûment légalisé, s'il y a lieu ; celle de l'état sanitaire, par un certificat de visite des médecins du dispensaire.

Les filles mineures qui se livreraient à la prostitution seront déférées à l'autorité judiciaire, ainsi que celles qui refuseraient de justifier de leur âge ou de leur état sanitaire.

Les filles majeures qui se livreraient à la prostitution, hors des maisons de tolérance, seront punies des peines de police, et même, s'il y a lieu, poursuivies comme coupables d'excitation à la débauche. De plus, si elles sont étrangères, elles seront immédiatement renvoyées dans leurs foyers.

Art. 4.

Le registre de contrôle contiendra les nom, prénoms, âge, lieu de naissance, professions antérieures, signalement et numéro d'inscription de chaque fille, ainsi que l'indication de sa demeure actuelle, de ses résidences antérieures et de la maison de la ville à laquelle elle doit être attachée, enfin celle des passeports ou papiers de sûreté dont elle devra être nantie, si elle est étrangère à la ville.

Il contiendra également les motifs qui ont porté cette fille à recourir à la prostitution, si on peut les connaître, et des renseignements sur sa famille et ses antécédents.

Les mutations seront inscrites, jour par jour, sur le registre de contrôle, par l'agent de police spécialement chargé de ce service, sous la surveillance et la responsabilité du Commissaire central.

Art. 5.

Immédiatement après son inscription au contrôle, chaque fille recevra un livret portant, imprimé en tête, le présent arrêté dont lecture lui sera donnée.

Ce livret contiendra toutes les énonciations portées au paragraphe 1er de l'article précédent.

Il devra être visé par le Commissaire de police toutes les semaines, et par les médecins du service sanitaire après chaque visite.

Art. 6.

Toute fille publique devra être attachée à une maison de prostitution reconnue et tolérée par l'administration. A chaque changement, elle sera tenue de faire sa déclaration dans les vingt-quatre heures. Mention de cette déclaration sera faite, en marge de l'inscription de la fille, sur le registre de contrôle, ainsi que sur son livret.

-Art. 7.

Les filles publiques doivent, en tout temps et à toute heure du jour et de nuit, ouvrir leurs portes aux officiers et agents de police, et leur permettre la visite complète de leurs appartements.

Art. 8.

Leurs fenêtres seront habituellement fermées, garnies

de verres dépolis, et munies en outre de rideaux de couleur ou de persiennes qui seront fermés quand il y aura nécessité d'ouvrir les fenêtres.

Toute fille publique qui laisserait faire dans son appartement des actes indécents, ou s'y livrerait elle-même à des scènes d'immoralité ou de prostitution, qui pourraient être vues des personnes du dehors, sera, sur la première plainte, arrêtée à l'instant et déférée aux tribunaux comme coupable d'attentat aux mœurs, sans préjudice de toutes poursuites contre la maîtresse de la maison dont elle dépend.

Art. 9.

Il est défendu aux filles publiques de garder ou de recevoir des enfants mineurs et des jeunes gens revêtus de l'uniforme des écoles.

Il leur est même défendu de garder, dans le logement où elles se livrent à la prostitution, leurs propres enfants.

Art. 10.

Il leur est expressément interdit de tenir café, auberge ou cabaret; d'avoir boutique ou dépôt de marchandises qui puisse attirer chez elle des personnes honnêtes.

Art. 11.

Il leur est également défendu de stationner sur la voie publique et dans les promenades, d'y former des groupes, d'aller et venir dans un espace étendu, d'accoster les passants et de les appeler ou provoquer par signes, gestes ou autrement, soit dans la rue, soit de leurs fenêtres; de se laisser aborder, suivre ou accompagner sur la voie publique. Elles ne pourront s'y présenter que décemment vêtues et avec une tenue et un maintien qui ne puisse les faire remarquer ni reconnaître.

Art. 12.

L'entrée du parc de Blossac et des Halles leur est interdite, ainsi que celle de tous bals et de toutes réunions publiques. Aux spectacles, elles ne pourront occuper que les places qui leur auront été spécialement désignées par les commissaires de police. Elles devront s'y tenir décemment sous peine d'être expulsées sur-le-champ.

Art. 13.

Défenses leur sont faites de se présenter aux casernes, aux revues et aux exercices et devant les corps de garde; elles ne pourront recevoir les militaires après l'heure de la retraite.

Art. 14.

Les objets qui auront été oubliés dans l'appartement des filles publiques devront, dans les vingt-quatre heures, être déposés au Bureau de police, à la Mairie, où ils seront conservés à la disposition des propriétaires, sous peine, pour ces filles, d'être poursuivies comme coupables de vol.

Art. 15.

Les filles qui renoncent à la prostitution sont, sur leur demande et après un temps d'épreuve, rayées du contrôle. Toutefois une surveillance exacte sur leur conduite et leurs moyens d'existence continuera à être exercée par la police.

Dispositions spéciales aux maisons de tolérance.

Art. 16.

Le nombre des maisons publiques tolérées ne pourra dépasser six.

Aucune de ces maisons ne sera ouverte sans une permission écrite, délivrée au Bureau de police. Cette permission devra être renouvelée toutes les fois qu'il y aura changement, soit de logement, soit de maîtresse.

Art. 17.

Les maisons de tolérance ne pourront être dirigées que par des femmes. Elles ne devront point avoir de communications avec les habitations voisines, ni de portes de derrière ou cachées. Elles seront tenues dans un état constant de propreté. Chaque fille qui y sera reçue devra avoir sa chambre séparée.

Art. 18.

Toute maison clandestine de débauche, qui sera signalée à l'administration, sera fermée après enquête administrative. Les personnes qui la tiendraient et les filles publiques qui la fréquenteraient seront déférées aux tribunaux.

Art. 19.

Les maîtresses de maisons tolérées sont responsables des filles qu'elles reçoivent, et doivent veiller à ce qu'elles exécutent en tous points les prescriptions du présent arrêté.

Art. 20.

Il est délivré aux maîtresses des maisons de tolérance un livret spécial sur lequel doivent être inscrites, dans les vingt-quatre heures, l'entrée et la sortie de chaque fille qu'elles reçoivent, avec les nom, prénoms, âge, lieu de naissance, numéro d'inscription et signalement.

Art. 21.

Il sera ouvert au Bureau de police un registre particulier des maisons de tolérance ; chaque maîtresse de maison aura sa feuille particulière, sur laquelle seront inscrites toutes les mutations, soit dans le logement, soit dans le personnel, ainsi que les notes de police relatives à chaque maison.

Art. 22.

Les dispositions des articles 6, 8, 9, 10, 11, 12, 13 et 14 sont applicables aux maîtresses de maisons de tolérance.

I' leur est expressément défendu de garder et même de laisser entrer leurs propres enfants dans ces maisons.

Art. 23.

Il leur est expressément défendu de recevoir chez elles des filles mineures ou enceintes et des femmes mariées, sous peine d'être poursuivies en conformité de l'article 334 du Code pénal. Il leur est aussi défendu de donner à jouer, à boire ou à manger aux hommes qui fréquentent leurs maisons et d'enivrer les filles qui y habitent.

Il leur est enjoint, sous peine de voir leurs maisons fermées pendant six mois, de déclarer sur-le-champ au Commissaire de police les filles mineures, enceintes, ou atteintes du mal vénérien, qui se présenteraient chez elles pour se livrer à la prostitution.

Il leur est pareillement enjoint de signaler immédiatement à la police les hommes entrés dans leurs maisons, que leur argot ou leurs manières pourraient leur faire soupçonner être des malfaiteurs et des repris de justice.

Art. 24.

Tout nantissement d'objets mobiliers est interdit dans les maisons de tolérance, sous quelque prétexte que ce puisse être. Les maîtresses sont personnellement responsables des infractions à cette défense commises par leurs filles, ainsi que de tous vols, escroqueries et désordres commis chez elles.

Elles sont pareillement responsables des effets des filles qu'elles reçoivent ; elles ne peuvent, sous aucun prétexte, les retenir en gage ni souffrir qu'ils soient vendus, donnés ou engagés à des tiers. Etat des effets de chaque fille de maison sera dressé sur le registre de contrôle, en présence de la maîtresse, à la suite de l'inscription prescrite par les articles 2 et 4 du présent arrêté.

Art. 25.

Les maîtresses de maisons ne pourront permettre aux filles sous leur direction de quitter leurs maisons pour plus de 24 heures, sans en faire la déclaration au Bureau de police. Elles devront également déclarer, dans le même délai, l'absence de toute fille qui aurait découché sans les en prévenir.

Art. 26.

Il leur est expressément défendu, sous peine du retrait de leur autorisation et de châtiment plus grave, s'il y avait lieu, de laisser communiquer avec personne les filles qu'elles soupçonneraient malades et celles qui n'auraient pas encore été visitées depuis qu'elles les auraient accueillies.

Art. 27.

Toute contrainte physique ou morale pour retenir contre son gré une fille dans une maison de prostitution sera sévèrement punie. Toutefois, aucune fille ne pourra passer d'une maison dans une autre qu'après en avoir obtenu l'agrément de la maîtresse de la première maison et l'autorisation de la police.

Mesures sanitaires.

Art. 28.

Toute fille publique inscrite sera tenue de se présenter, le mercredi de chaque semaine, à 7 heures du matin, du 1er mars au 1er septembre, et à 8 heures, du 1er septembre au 1er mars, à la visite qui sera faite par des médecins du dispensaire dans le local qui leur sera indiqué. Au besoin, elle sera recherchée pour y être conduite. — Lorsque le jour fixé se trouvera être un jour férié, la visite aura lieu la veille.

Art. 29.

La visite sera faite par deux médecins au moins. Un ou plusieurs agents de police seront toujours de service au dispensaire, mais dans une salle séparée, pendant la visite, pour maintenir l'ordre et conduire immédiatement à l'Hôtel-Dieu les filles qui seraient reconnues atteintes de maladies contagieuses, et à la prison municipale celles qui troubleraient l'ordre, la décence et la tranquillité.

Art. 30.

Un état nominatif des filles publiques qui devront être visitées sera remis par l'agent de police de service aux médecins, qui constateront la visite, tant sur cet état que sur les livrets, par leur visa et l'apposition du timbre du dispensaire. Cet état sera ensuite renvoyé au maire, sous enveloppe cachetée, avec un rapport sur l'état des filles malades, s'il s'en trouve.

Art. 31.

Les filles publiques qui ne se seront pas présentées à la visite seront considérées comme malades; elles seront retenues à la prison municipale pendant le temps nécessaire pour s'assurer de leur état sanitaire.

Art. 32.

Toute fille publique qui sera atteinte de maladies contagieuses sera immédiatement conduite à l'Hôtel-Dieu, pour y être traitée aux frais de sa maîtresse de maison. Celle-ci devra consigner, dans les 24 heures, à l'économat des hospices, une somme de cent francs pour assurer le paiement des frais de traitement.

Art. 33.

Lors de leur sortie de l'hospice, les filles publiques seront visitées par le médecin de l'établissement. Avant de rentrer chez elles, elles seront tenues de représenter au Bureau de police le certificat de santé qui aura été consigné sur leurs livrets.

Art. 34.

Outre les visites au dispensaire, il en sera fait, au moins tous les mois, une à domicile, à jours et heures indéterminés, par deux médecins désignés par le Maire.

Art. 35.

Les frais de visite mensuelle à domicile sont taxés à deux francs; les frais de traitement à l'Hôtel-Dieu, à un franc vingt-cinq centimes par jour. Ces frais seront perçus par un agent des hospices.

Art. 36.

Outre ces visites régulières, les filles publiques en subiront de nouvelles, de la part des médecins du dispensaire, chaque fois qu'elles changeront de demeure ou de maison de tolérance, qu'elles seront soupçonnées malades, qu'elles seront arrêtées ou qu'elles sortiront de prison. Ces dernières visites seront gratuites.

Art. 37.

Il est accordé trois mois aux filles publiques et aux maîtresses de maisons de tolérance pour se conformer aux prescriptions des articles 8 et 17 du présent arrêté.

Art. 38.

Il n'est point dérogé, par le présent, aux dispositions 7 et 8 de l'arrêté du 11 décembre 1847.

Art. 39.

Aucune des dispositions du présent arrêté ne pourra

être réputée comminatoire. — Toute contravention sera poursuivie selon toute la rigueur de la loi.

Art. 40.

Le présent arrêté sera soumis à l'approbation de M. le Préfet ; il ne sera point rendu public par égard pour les convenances, mais il sera imprimé, adressé à MM. les Médecins chargés des visites, à M. le Procureur impérial, et à MM. les Juges de paix, et communiqué à qui de droit par les Commissaires de police et MM. les Officiers de gendarmerie, qui demeurent chargés, chacun en ce qui le concerne, d'en assurer l'exécution.

Fait à Poitiers, hôtel de ville, le 5 avril 1852.

Le Maire,

GRILLIET AÎNÉ.

Obligations générales.

Les maîtresses de maisons sont tenues de faire enregistrer, dans les vingt-quatre heures, au Bureau de police, les filles qui se présentent chez elles pour y demeurer.

Lorsqu'une fille, inscrite sur le livre d'une maîtresse de maison, vient à sortir de chez elle, celle-ci doit également, dans les vingt-quatre heures, en faire la déclaration au même bureau.

Les maîtresses de maisons doivent tenir leurs croisées constamment closes, en faire dépolir les vitres ou les garnir de persiennes fermées par des cadenas.

Celles qui ont la faculté de faire circuler une fille et de placer une domestique sur leur porte, ne pourront les laisser sortir qu'une demi-heure après l'heure fixée pour le commencement de l'allumage des réverbères, et, en aucune saison, avant sept heures du soir; et elles devront les faire rentrer à onze heures.

Elles doivent veiller à ce que la mise des femmes soit décente, et les empêcher de provoquer à la débauche par gestes ou propos indécents ; de fréquenter les cabarets et de s'enivrer, de stationner sur la voie publique, d'y former des groupes et d'y circuler en réunion.

Lorsque, dans l'intervalle d'une visite médicale à l'autre, elles découvriront qu'une fille est atteinte d'une maladie contagieuse, elles devront la conduire immédiatement au Bureau de police.

Il leur est expressément enjoint d'informer, sans retard, le Commissaire central de police de toute espèce d'événements qui auraient lieu dans l'intérieur de leur maison ou au dehors par le fait des femmes qui demeurent chez elles.

Il leur est défendu de recevoir des mineurs et des élèves des collèges et des écoles nationales civiles et militaires en uniforme.

Obligations particulières.

————

Comme il est interdit aux maîtresses de maisons de faire circuler les filles sur la voie publique, elles devront veiller à ce que celles-ci ne s'absentent jamais sans motif plausible.

Les portes d'entrée devront rester constamment fermées. — Il est interdit de placer en évidence des verres, bouteilles, flacons et autres objets indiquant qu'on donne à boire.

Cette interdiction est applicable à toutes les maisons de tolérance.

————

Les maîtresses de maisons qui contreviendront aux dispositions qui précèdent seront punies par la suspension ou le retrait définitif de tolérance.

LIVRET

N^o

d'Inscription au Bureau de police.

———— ◦◦◦ ————

Délivré au Bureau de police de Poitiers, le

Le Commissaire de police, chef de service,

Fille de

et de

domiciliés à   département d

ancien domicile

demeure actuelle, à Poitiers,

rue   n°

rue   n°

rue   n°

rue   n°

rue   n°

Signalement :

Age	nez
taille	bouche
cheveux	menton
front	visage
sourcils	teint
yeux	signes

VISITES

DATE	ÉTAT SANITAIRE	SIGNATURES DES MÉDECINS DE SERVICE	DATES		ÉTAT SANITAIRE	SIGNATURE DU MÉDECIN
			de l'entrée à l'Hospice.	de la sortie.		

DATE	ÉTAT SANITAIRE	SIGNATURES DES MÉDECINS DE SERVICE	DATES de l'entrée à l'Hospice.	de la sortie.	ÉTAT SANITAIRE	SIGNATURE DU MÉDECIN

DATE	ÉTAT SANITAIRE	SIGNATURES DES MÉDECINS DE SERVICE

DATES		ÉTAT SANITAIRE	SIGNATURE DU MÉDECIN
de l'entrée à l'Hospice.	de la sortie.		

VISITES

DATE	ÉTAT SANITAIRE	SIGNATURES DES MÉDECINS DE SERVICE

DATES		ÉTAT SANITAIRE	SIGNATURE DU MÉDECIN
de l'entrée à l'Hospice.	de la sortie.		

DATE	ÉTAT SANITAIRE	SIGNATURES DES MÉDECINS DE SERVICE

DATES		ÉTAT SANITAIRE	SIGNATURE DU MÉDECIN
de l'entrée à l'Hospice.	de la sortie.		

DATE	ÉTAT SANITAIRE	SIGNATURES DES MÉDECINS DE SERVICE	DATES de l'entrée à l'Hospice.	de la sortie.	ÉTAT SANITAIRE	SIGNATURE DU MÉDECIN

www.ingramcontent.com/pod-product-compliance
Lightning Source LLC
Chambersburg PA
CBHW070207200326
41520CB00018B/5539